Spanish

03

La guía de Rourke para los símbolos de los estados

The Rourke Guide to State Symbols

FLORES
FLOWERS

Jason Cooper

Traducido por Kristen Keating

Rourke
Publishing LLC
Vero Beach, Florida 32964

PHOTO CREDITS:
p. 6, 8, 16 © James Robinson; p. 12, 20, 24, 25 , 31, 48 © Jerry Hennen; p. 14, 32, 38,39 © Tom Ulrich; p. 35 © Joe Antos; p. 45 © Wayne Elisens; p. 49, 50 © Susan Glascock; p. 52 © Steve Bentsen; cover, p. 7, 9, 10, 11, 13, 15, 19, 21, 22, 23, 24, 26, 28, 29, 30, 33, 34, 36, 40, 41, 42, 43, 44, 47, 50, 51, 54, 55, 56, 57, 58, 59, 60, 61 © Lynn M. Stone; p. 17 courtesy Hawaii Visitors Bureau and Lyon Arboretum; p. 18 courtesy Idaho Department of Commerce; p. 46 courtesy Oregon Tourism Commission

ARTWORK:
Cover artwork by Jim Spence

EDITORIAL SERVICES:
Versal Editorial Group

Library of Congress Cataloging-in-Publication Data

Cooper, Jason, 1942 -
    Flowers / Jason Cooper.
        p. cm. — (La guía de Rourke para los símbolos de los estados)
    Includes index.   6-0J   j5b2.13097 5p
    Summary: Presents a description of and background information about the flowering plants that have been chosen to represent the fifty states and the District of Columbia.
    ISBN 1-58952-398-9
    1. State flowers—United States—Juvenile literature. [1. State flowers.
2. Flowers. 3. Emblems, State.]
I. Title II. Series: Cooper, Jason, 1942 -   The Rourke guide to state symbols.
QK85.C66 1997
582.13'0973—dc21   97–15367
                                                          CIP
                                                          AC

Printed in the USA

Contenido/Contents

Introducción

Nos encantan las flores por su belleza y su dulce aroma. Las flores que cultivamos, o las flores domésticas, alegran los jardines, los caminos y las casas. Las flores silvestres crecen en los bosques, los desiertos, los prados, los pastos y las dunas de arena.

Las flores se usan en arreglos florales, prendedores y decoraciones. Son el tema de numerosas pinturas y fotografías. No es sorprendente que cada uno de los 50 estados y el Distrito de Columbia eligieran una flor que los representara. Algunos estados repitieron la selección de otros, así que solamente 44 diferentes tipos de plantas llegaron a ser flores oficiales de un estado.

Algunas flores estatales crecen en viñas, árboles y arbustos. Otras son flores propiamente.

Las violetas (cuatro estados) y las rosas (cuatro estados y el Distrito de Columbia) fueron muy populares. Otras de las flores que fueron seleccionadas por más de un estado fueron la flor del manzano, el cornejo floreciente, la vara de oro, la magnolia, el laurel de la montaña y el rododendro.

Algunos estados eligieron flores por su llamativa belleza (por ejemplo, la zapatilla de dama en Minnesota y la aguileña de las montañas Rocosas, en Colorado). Otros eligieron flores más sencillas (como el nomeolvides de Alaska y la flor de mayo en Massachusetts). Y algunos seleccionaron flores que solamente se encuentran en ese estado. Algunas de las flores, como la flor del naranjo de Florida, eran importantes en la economía o en la historia del estado.

Cualquiera que sea la razón de su adopción, cada flor es el símbolo perfecto del estado que la seleccionó.

Introduction

Flowers are loved for their beauty and sweet smell. The flowers we raise, called domestic flowers, brighten gardens, pathways, and homes. Wildflowers nod in our forests, deserts, grasslands, pastures, and sand dunes.

Flowers are used for bouquets, corsages, and decorations. They are the subjects of countless paintings and photographs. Not surprisingly, each of the 50 states and the District of Columbia chose a flower to represent them. Some states repeated the choice of others so that only 44 different kinds of plants are official state flowers.

Some state flowers grow on vines, trees, and shrubs. Others are simply flowers.

Violets (four states) and roses (four states and the District of Columbia) were popular picks. Other flowers adopted by more than one state were apple, dogwood, goldenrod, magnolia, mountain laurel, and rhododendron.

Some states chose dazzling beauties (lady's-slipper in Minnesota, Rocky Mountain columbine in Colorado for example). Others picked less showy flowers (forget-me-not in Alaska, mayflower in Massachusetts). Several choices were made because the flower was found only in that state. A few state flowers, such as Florida's orange blossom, were important to that state's history or economy.

Whatever the reason for adopting it, each flower seems "right" for the state that chose it.

CAMELIA   CAMELLIA

Nombre científico/Scientific Name: Camellia japonica
Año en que se adoptó como flor estatal/Year Made State Flower: 1959

La camelia es un arbusto verde oscuro que produce unas flores grandes y llamativas al principio de la primavera. Se suelen cultivar camelias en los jardines y en las arboledas de Alabama y de todo el Sureste.

La camelia no es originaria de Estados Unidos sino de las zonas calurosas de Asia. Como muchas de las flores estatales, se importó a Estados Unidos por su belleza.

The camellia is a dark green shrub that produces large showy flowers in early spring. Camellias are commonly used in gardens and groves throughout Alabama and the Southeast.

The camellia is not native to the United States. It is native to the warm parts of Asia. Like many of the state flowers, it was imported to the United States because of its beauty.

NOMEOLVIDES   FORGET-ME-NOT

Nombre científico/Scientific Name: Myosotis alpestris
Año adoptada como flor estatal/Year Made State Flower: 1917

La gente de Alaska eligió el nomeolvides como flor del territorio mucho antes de que Alaska se convirtiera en estado en 1959. El azul del pequeño nomeolvides le recuerda a la gente de Alaska el inmenso cielo azul. El centro amarillo de la flor les recuerda que su estado tiene una historia en la minería de oro.

Las nomeolvides son flores silvestres comunes en el cuadragésimo noveno estado. Florecen sobre tallos de 4 a 12 pulgadas (entre 10 y 31 centímetros) de altura, desde finales de junio hasta principios de agosto.

Alaskans chose the forget-me-not as their territorial flower long before Alaska became a state, in 1959. The blue of the little forget-me-not helps remind Alaskans of the big blue skies of their state. The gold center of the flower helps remind them of the state's gold mining history.

Forget-me-nots are common wildflowers in the 49th state. They bloom on stems 4 to 12 inches (10 - 31 centimeters) high from late June into early August.

SAGUARO
(CACTUS GIGANTE)

SAGUARO
(GIANT CACTUS)

Nombre científico/Scientific Name: Cereus giganteus
Año adoptada como flor estatal/Year Made State Flower: 1901

El saguaro alcanza hasta 50 pies (15 metros) de altura y puede tener hasta veinte ramificaciones. Sólo se encuentra en el sur de Arizona. El Parque Nacional Saguaro, cerca de Tucson, preserva "bosques" de estos cactus gigantes.

Los saguaros crecen desde las tierras bajas desérticas hasta laderas montañosas a 3,600 pies (1,907 metros) sobre el nivel del mar.

Sus flores blancas crecen agrupadas en los extremos de los "brazos". La mayoría de las flores aparecen en junio, por la noche, pero las flores suelen quedarse abiertas hasta pleno día.

The saguaro stands up to 50 feet (15 meters) tall and may have up to twenty limbs. The saguaro is found only in southern Arizona. Saguaro National Park, near Tucson, preserves "forests" of these giant cacti.

Saguaros grow from desert lowlands to mountain slopes 3,600 feet (1097 meters) high.

The saguaro's white flowers grow in clusters at the tips of the "arms." Most of the flowering is in June, at night, but usually lasts well into the daylight hours.

FLOR DEL MANZANO

APPLE BLOSSOM

Nombre científico/Scientific Name: Malus domestica
Año adoptada como flor estatal/Year Made State Flower: 1897

Cada primavera los manzanos florecen con miles de flores blancas parecidas a rosas. Crean un paisaje impresionante en los manzanales de Arkansas y en otros lugares. Michigan (pág. 28) también adoptó la flor del manzano como su flor estatal.

Acércate a un manzano que está floreciendo: se escucha un zumbido. El árbol no está zumbando, por supuesto, pero las miles de abejas en las flores, sí. Las abejas transfieren granos de polen de una flor a otra, y eso ayuda a que las flores produzcan manzanas.

Each spring the apple trees bloom with thousands of white roselike flowers. They make an impressive sight in the orchards of Arkansas and elsewhere. Michigan (p. 28) also adopted the apple blossom as its state flower.

Stand near a blooming apple tree: It sounds like it is buzzing. The tree is not buzzing, of course, but the thousands of honeybees in the blossoms certainly are. The bees transfer grains of pollen from one blossom to another and that helps the blossoms to produce apples.

AMAPOLA DORADA
(AMAPOLA DE CALIFORNIA)

GOLDEN POPPY
(CALIFORNIA POPPY)

Nombre científico/Scientific Name: Eschscholzia californica
Año adoptada como flor estatal/Year Made State Flower: 1903

Vista desde la distancia, una extensión de amapolas de California, convierte las laderas de hierbas en alfombras doradas. Durante la primavera, ése es uno de los mejores espectáculos de la naturaleza californiana.

Algunos años son mucho mejores que otros para las amapolas. El momento y la cantidad de lluvia son importantes para que las semillas de amapola se conviertan en flores.

A spread of California poppies seen at a distance turn grassy hillsides into gold carpets. They are one of nature's most spectacular springtime shows in California.

Some years are much better than others for the poppy bloom. The timing and amount of rainfall are important to the growth of poppy seeds into flowers.

AGUILEÑA DE LAS MONTAÑAS ROCOSAS
(AGUILEÑA AZUL)

ROCKY MOUNTAIN COLUMBINE
(BLUE COLUMBINE)

Nombre científico/Scientific Name: Aquilegia caerulea
Año adoptada como flor estatal/Year Made State Flower: 1899

La aguileña de las montañas Rocosas combina con los cielos azules y los picos nevados de las tierras altas de Colorado.

Crece en altitudes tan bajas como 1,000 pies (305 metros) de altura sobre el nivel del mar, pero las flores tienen un azul más profundo en las montañas que alcanzan 11,000 pies (3,353 metros).

La aguileña alcanza hasta 24 pulgadas (61 centímetros) de altura. La flor puede tener tres pulgadas (8 centímetros) de ancho.

Florece desde mediados de junio hasta mediados de agosto.

The Rocky Mountain columbine is a perfect match for the blue skies and snowy peaks of Colorado's high country.

This grows as low as 1,000 feet (305 meters) above sea level, but the flowers are bluest in the mountains up to 11,000 feet (3,353 meters).

The columbine stands up to 24 inches (61 centimeters) tall. The flower may be 3 inches (8 centimeters) across.

The columbine blooms from mid-June into mid-August.

LAUREL DE LA MONTAÑA   MOUNTAIN LAUREL

Nombre científico/Scientific Name: Kalmia latifolia
Año adoptada como flor estatal/Year Made State Flower: 1907

Después de que la mayoría de flores silvestres primaverales se marchitan en los bosques de Connecticut, los arbustos de laurel de la montaña llamarán la atención con sus racimos de flores blancas y rosadas. El laurel de la montaña ilumina los bosques en muchas partes del Este durante el mes de junio.

El laurel de la montaña también es la flor del estado de Pennsylvania (pág. 47).

Los grandes arbustos siempre verdes de laurel de la montaña pueden alcanzar 15 pies (aproximadamente 5 metros) de altura.

After the rush of spring wildflowers fades on the floors of Connecticut's woodlands, the mountain laurel shrubs steal the spotlight with their clusters of pinkish-white blossoms. Mountain laurel lights up forests throughout much of the East in June.

Mountain laurel is also the state flower of Pennsylvania (p. 47).

The large evergreen mountain laurel shrubs may stand 15 feet (about 5 meters) tall.

FLOR DEL MELOCOTONERO   PEACH BLOSSOM

Nombre científico/Scientific Name: Prunus persica
Año adoptada como flor estatal/Year Made State Flower: 1985

Delaware es un importante productor de melocotones. Al principio de la primavera las arboledas de melocotoneros están coloreadas por flores rosadas.

Las flores de los melocotoneros son pequeñas, con cinco pétalos. Cada flor parece una diminuta rosa silvestre.

Los melocotoneros alcanzan de 15 a 25 pies (5-8 metros) de altura. Los primeros melocotoneros probablemente fueron traídos a Norteamérica por los exploradores españoles en el siglo XVI.

Delaware is a major producer of peaches. Early each spring its peach groves are colored by the pink blossoms.

Peach blossoms are small with five petals. Each blossom looks like a tiny wild rose.

Peach trees stand 15 to 25 feet (5 - 8 meters) tall. The first peach trees were probably brought to North America by the Spanish explorers in the 1500's.

FLOR DEL NARANJO   ORANGE BLOSSOM

Nombre científico/Scientific Name: Citrus sinensis
Año adoptada como flor estatal/Year Made State Flower: 1909

Los colonos españoles trajeron los primeros naranjos a Florida en el siglo XVI. Casi 400 años después, el estado de Florida adoptó la flor del naranjo como flor estatal. Los españoles no hubieran imaginado que lo que sembraron se convertiría en una industria de millones de dólares.

Florida es el más importante productor de naranjas en Estados Unidos. Cada primavera, sus naranjos producen millones de pequeñas flores blancas que llenan el aire con un dulce aroma.

Spanish settlers brought the first orange trees to Florida in the 1500's. Nearly 400 years later, the state of Florida adopted the orange blossom as its state flower. Little did the Spanish know that their plantings would lead to a multibillion dollar industry.

Florida is the leading producer of oranges in the United States. Each spring its orange trees produce millions of small, white blossoms that fill the air with a sweet scent.

ROSA CHEROKEE   CHEROKEE ROSE

Nombre científico/Scientific Name: Rosa sinica
Año adoptada como flor estatal/Year Made State Flower: 1916

El origen de la flor estatal de Georgia, la rosa cherokee, se puede trazar hasta la China. Pero mucho antes de que Georgia se convirtiera en estado, la tribu cherokee había obtenido la planta y la había dispersado por la región.

Como otras rosas silvestres, la rosa cherokee produce una fruta deliciosa que se llama escaramujo. La fruta era un alimento popular entre los indígenas.

La rosa cherokee es una espinosa enredadera que florece en la primavera y a veces vuelve a florecer en el otoño.

The roots of Georgia's state flower, the Cherokee rose, can be followed back to China. But long before Georgia became a state, the Native American Cherokees had gotten the plant and spread it throughout the region.

Like other wild roses, the Cherokee rose produces a tasty fruit called a hip. The fruit was a popular food with Native Americans.

The Cherokee rose is a prickly, climbing shrub. It blooms in spring and sometimes again in autumn.

HIBISCO AMARILLO   YELLOW HIBISCUS

Nombre científico/Scientific Name: Hibiscus brackenridgei
Año adoptada como flor estatal/Year Made State Flower: 1903

El hibisco amarillo, la flor del estado de Hawai, es uno de cientos de variedades de hibisco cultivadas por los amantes de las plantas en Hawai. Este hibisco en particular se cultiva como matorral y se planta en jardines, patios y lugares públicos.

La flor del hibisco amarillo se parece a un molinillo del tamaño de una mano. Es una flor grande y sumamente atractiva que florece sobre un tallo largo y estrecho.

Los hibiscos son flores populares en los jardines de muchos estados del continente donde la escarcha no suele llegar o no es común.

The yellow hibiscus, Hawaii's state flower, is one of hundreds of varieties of hibiscus developed by plant lovers in Hawaii. This particular hibiscus is raised as a shrub and planted in gardens, yards, and public places.

The yellow hibiscus blossom looks like a hand-sized pinwheel. It's a big, strikingly attractive flower that blooms on a long, narrow stem.

Hibiscus are popular garden flowers in many of the mainland states where frost is rare or unknown.

JERINGUILLA   SYRINGA

Nombre científico/Scientific Name: Philadelphus lewisii
Año adoptada como flor estatal/Year Made State Flower: 1959

La jeringuilla es un arbusto del Oeste que fue descubierto y registrado por primera vez por el explorador Meriwether Lewis durante la famosa expedición de Lewis y Clark de 1803 a 1806.

La jeringuilla tiene agrupaciones de flores blancas con cuatro pétalos. Cada flor tiene de 1 a 2 pulgadas (3-5 centímetros) de ancho y produce un aroma dulce.

Las flores de la jeringuilla iluminan las laderas y los arroyos de Idaho. El arbusto crece en las laderas de las montañas hasta alturas de 7,000 pies (2,134 metros).

Los indígenas del Oeste usaban los tallos de las jeringuillas para hacer flechas.

The syringa is a Western shrub first noticed and recorded by explorer Meriwether Lewis during the famous Lewis and Clark expedition of 1803-06.

The syringa has clusters of four-petalled, white flowers. Each flower blossom is from 1 to 2 inches (3 - 5 centimeters) across and produces a sweet fragrance.

Blooms of syringa brighten the sides of hills and streams in Idaho. The shrub grows on mountain slopes as high as 7,000 feet (2,134 meters).

Native Americans of the West used syringa stems for arrow shafts.

VIOLETA NATIVA
(VIOLETA HERMANA)

NATIVE VIOLET
(SISTER VIOLET)

Nombre científico/Scientific Name: Viola sororia
Año adoptada como flor estatal/Year Made State Flower: 1908

La flor del estado de Illinois es una flor silvestre común durante la primavera en los bosques húmedos y fértiles de este estado. Se la conoce como violeta nativa, violeta hermana o violeta azul. Hay muchas especies de violetas silvestres azules que crecen en Illinois.

Las violetas azules florecen sobre tallos que no suelen alcanzar más de 8 pulgadas (20.5 centímetros). Por su color, son flores populares en la primavera.

Esta flor tambíen es el símbolo de Nueva Jersey, pág. 36; Rhode Island, pág. 48; y Wisconsin, pág. 60.

Illinois' state flower is a common spring wildflower in the state's rich, moist forests. It is sometimes called the native violet, sister violet, or blue violet. Actually, many species of wild blue violets grow in Illinois.

Blue violets bloom on stems that rarely stretch more than 8 inches (20.5 centimeters). Their color has made them springtime favorites.

This flower is also the symbol of New Jersey, p. 36; Rhode Island, p. 48; and Wisconsin, p. 60.

PEONÍA   PEONY

Nombre científico/Scientific Name: Grupo paeonia/Paeonia group
Año adoptada como flor estatal/Year Made State Flower: 1957

Las peonías son grandes flores de jardín con colores brillantes. Estas plantas alcanzan 4 pies (más de un metro) de altura, y las peonías de árboles y de arbustos son aún más altas.

Hay muchas variedades de la peonía en Indiana y en otros lugares. Algunas tienen "flores dobles", o varios niveles de pétalos.

Las peonías más conocidas son de color rojo o carmesí. Empiezan a florecer a finales de mayo.

Peonies are big, brightly colored garden flowers. The plants grow to 4 feet (over a meter) tall and more in trees and bush peonies.

Many varieties of peonies are planted in Indiana and elsewhere. Some have "double blossoms," or several layers of petals.

The most familiar peonies are red, or crimson. They begin to bloom at the end of May.

ROSA SILVESTRE ## WILD ROSE

Nombre científico/Scientific Name: Grupo Rosa/Rosa group
Año adoptada como flor estatal/Year Made State Flower: 1897

Cuando la gente de Iowa eligió la rosa silvestre como su flor estatal, no seleccionaron una variedad específica. Mejor así. Las rosas silvestres de este lugar se parecen mucho y todas son bellas flores rosadas o blancas.

Las rosas silvestres tienen cinco pétalos alrededor de un centro amarillo y crecen en matorrales. Sus flores tienen colores más claros y son más delicadas que las rosas de jardín.

Esta flor tambíen es el símbolo de Nueva York, pág. 40; y Dakota del Norte, pág. 43.

When Iowans chose the wild rose as their state flower, they did not select one particular kind. That is just as well. Native wild roses look quite similar to each other, and all of them are beautiful pink or white flowers.

Wild roses have five petals around a yellow center. They grow in thickets. Their blossoms are lighter in color and more delicate than those of garden roses.

This flower is also the symbol of New York, p. 40; and North Dakota, p. 43.

GIRASOL NATIVO   NATIVE SUNFLOWER

Nombre científico/Scientific Name: Helianthus annuus
Año adoptada como flor estatal/Year Made State Flower: 1903

Los girasoles son flores altas y llamativas que aman los espacios abiertos y los prados de Kansas. A los pioneros de Kansas les encantaban las brillantes flores amarillas que se inclinaban sobre las infinitas olas de hierba en las praderas.

Los girasoles comienzan a florecer en julio. Algunos aún florecen cuando la hierba de la pradera se vuelve amarilla en septiembre.

Los girasoles silvestres pueden alcanzar 10 pies (3 metros) de altura. Los girasoles cultivados por los horticultores son aún más altos. Los girasoles se cultivan para obtener sus semillas y su aceite.

Sunflowers are tall, showy flowers that love the open spaces and grasslands of Kansas. Kansas pioneers loved the bright yellow blossoms that nodded above the endless waves of prairie grasses.

Sunflowers begin blooming in July. Some are still in bloom as the prairie grass begins to yellow in September.

Wild sunflowers can stand 10 feet (3 meters) tall. Sunflower farmers grow their domestic sunflowers even bigger. Sunflowers are raised for their seeds and oil.

VARA DE ORO O ALTA VARA DE ORO

GOLDENROD OR TALL GOLDENROD

Nombre científico/Scientific Name: Solidago altissima
Año adoptada como flor estatal/Year Made State Flower: 1903

Las varas de oro son un grupo de flores silvestres que florecen tarde y que alegran los bordes de las carreteras y los espacios abiertos con salpicaduras de amarillo dorado. La flor del estado de Kentucky, la alta vara de oro, es una de varias especies de vara de oro que se encuentran en Kentucky. Muchas veces es difícil distinguir entre las diferentes especies.

Como sus parientes, la alta vara de oro tiene racimos de pequeñas flores que crecen en ramas arqueadas. Su nombre es apropiado, ya que puede crecer hasta 7 pies (2 metros) de altura.

The goldenrods are a group of late-blooming wildflowers that brighten roadsides and clearings with splashes of golden yellow. Kentucky's state flower, the tall goldenrod, is one of several goldenrod species found in Kentucky. The species are often hard to tell apart.

Like its cousins, the tall goldenrod has clusters of small yellow flowers that grow on arching branches. Well named, the tall goldenrod can reach heights of 7 feet (2 meters). This is also the flower of Nebraska, p. 33.

MAGNOLIA DEL SUR

SOUTHERN MAGNOLIA

Nombre científico/Scientific Name: Magnolia grandiflora
Año adoptada como flor estatal/Year Made State Flower: 1900

Las anchas flores blancas de los magnolios son símbolos del profundo Sur. Son las flores estatales de Louisiana y de Mississippi.

Los magnolios no son menos llamativos que sus flores. Los magnolios tienen hojas espesas y enceradas que les dan a estos árboles una apariencia majestuosa.

Los magnolios pueden alcanzar 125 pies (38 metros) de altura.

Esta flor tambíen es el símbolo de Mississippi, pág. 30.

The wide white flowers of magnolia trees are familiar symbols of the Deep South. They are the state flower of Louisiana and Mississippi.

Magnolia trees themselves are no less striking than the blossoms. Magnolias have thick, waxy leaves that help give these trees a stately appearance.

Magnolia trees can stand up to 125 feet (38 meters) tall.

This flower is also the symbol of Mississippi, p. 30.

PIÑA Y BORLA DEL PINO BLANCO

WHITE PINE CONE AND TASSEL

Nombre científico/Scientific Name: Pinus strobus
Año adoptada como flor estatal/Year Made State Flower: 1925

El pino blanco es muy apreciado en Maine, donde la explotación maderera es una industria importante. El pino blanco es el árbol del estado y aparece en el sello estatal. Su piña y su borla primaveral son la "flor" estatal de Maine, elegida primero en 1894 y adoptada por la legislatura de Maine en 1925.

El pino blanco es un árbol alto y recto con extensos niveles de ramas. Su madera blanca es muy apreciada.

The white pine tree is highly regarded in Maine, where logging is an important industry. The white pine is the state tree, and it appears on the state seal. Its cone and springtime tassel are Maine's state "flower," chosen first in 1894 and adopted by the Maine legislature in 1925.

The white pine is a tall, straight tree with broad layers of limbs. Its white wood is highly prized for lumber.

MARGARITA DE OJO NEGRO   BLACK-EYED SUSAN

Nombre científico/Scientific Name: Rudbeckia hirta
Año adoptada como flor estatal/Year Made State Flower: 1918

Con color amarillo brillante y un centro castaño oscuro, las margaritas de ojo negro prestan sus colores de verano a los campos y a los bosques abiertos de Maryland.

La margarita de ojo negro se parece mucho a la margarita amarilla, con la que está emparentada. Los girasoles, con sus largos pétalos estrechos, también pertenecen a esa familia.

Las flores de esta planta alcanzan aproximadamente 3 pulgadas (7-8 centímetros) de ancho. La margarita de ojo negro puede tener de 1 a 3 pies (30-90 centímetros) de altura.

Bright yellow with a chocolate center, the flowers of black-eyed Susans lend summertime color to the fields and open woods of Maryland.

The black-eyed Susan looks much like a yellow daisy, to which it is related. It is also related to sunflowers with its circle of long, narrow petals.

The flowers of the plant are about 3 inches (7 - 8 centimeters) across. The black-eyed Susan stands from 1 to 3 feet (30 - 90 centimeters) tall.

FLOR DE MAYO
(MADROÑO TREPADOR)

MAYFLOWER
(TRAILING ARBUTUS)

Nombre científico/Scientific Name: Epigaea repens
Año adoptada como flor estatal/Year Made State Flower: 1918

La flor del estado de Massachusetts es una planta enredadera que crece cerca de la tierra y que tiene pequeñas flores blancas o rosadas y pequeñas hojas coriáceas siempre verdes.

La flor de mayo puede florecer tan pronto como en marzo. En las montañas puede florecer tan tarde como en mayo.

Las flores de esta planta "se esconden" entre las hojas. Al remover las hojas secas del invierno debajo de los tallos del espino, uno puede descubrir las pequeñitas flores de sus cinco pétalos.

Massachusetts' state flower is a low-to-the-ground, creeping plant with small white or pink flowers and small, leathery evergreen leaves.

The mayflower blooms as early as March. In the mountains it blooms as late as May.

Mayflower blossoms "hide" among the leaves. By rustling through dry winter leaves under mayflower stems, one can uncover the tiny five-petaled flowers.

MICHIGAN

FLOR DEL MANZANO   APPLE BLOSSOM

Nombre científico/Scientific Name: Malus domestica
Año adoptada como flor estatal/Year Made State Flower: 1897

Después del estado de Washington, Michigan es el más importante productor de manzanas en Estados Unidos. La cosecha de manzanas en el otoño es importante para la economía del estado. Pero a la gente de Michigan les encantan las flores de los manzanos tanto como su fruta.

Los manzanares de Michigan parecen estar cubiertos de nieve cada mayo cuando florecen los manzanos.

Esta flor tambíen es el símbolo de Arkansas, pág. 9.

Next to Washington state, Michigan is the leading apple producer in the United States. The fall apple crop is important to the state's economy. But Michiganders love the apple tree's blossoms as well as its fruit.

Michigan orchards look snow-decked each May when the apple orchards bloom.

This flower is also the symbol of Arkansas, p. 9.

ZAPATILLA DE DAMA
(ZAPATILLA BLANCA Y ROSADA)

SHOWY LADY'S-SLIPPER
(PINK AND WHITE LADY'S-SLIPPER)

Nombre científico/Scientific Name: Cypripedium reginae
Año adoptada como flor estatal/Year Made State Flower: 1902

La flor del estado de Minnesota, la llamativa zapatilla de dama, es sin duda una de las flores silvestres más bellas de Norteamérica.

La zapatilla de dama es una orquídea silvestre. Las orquídeas más grandes que se cultivan en los invernaderos se suelen usar para los ramilletes.

La llamativa zapatilla de dama es la más grande de esta especie en Norteamérica. Esta planta crece en bosques húmedos y en pantanos. La planta puede alcanzar hasta 3 pies (91 centímetros) de altura. En Minnesota, la mayoría de las llamativas zapatillas de dama florecen en junio.

Minnesota's state flower, the showy lady's-slipper, is truly one of the most beautiful of North American wildflowers.

The lady's-slipper is a wild orchid. Larger greenhouse orchids are used in corsages.

The showy lady's-slipper is the largest of the species of North American lady's-slippers. This plant grows in moist woods and bogs. The plant may be up to 3 feet (91 centimeters) tall. In Minnesota, most of the showy lady's-slippers bloom in June.

MAGNOLIA DEL SUR

SOUTHERN MAGNOLIA

Nombre científico/Scientific Name: Magnolia grandiflora
Año adoptada como flor estatal/Year Made State Flower: 1952

Los viejos pueblos del Sur suelen tener calles bordeadas con magnolios. Los magnolios silvestres también decoran los jardines y los bosques del Sur donde crecen entre otros árboles nativos. Las magnolias son una parte tan integral del Sur como el maíz a medio moler y el musgo español.

Mississippi honra la magnolia como su flor estatal y el magnolio como su árbol estatal.

Esta flor tambíen es el símbolo de Louisiana, pág. 24.

Old Southern towns often have their streets lined with magnolia trees. Magnolia trees grace Southern lawns and woodlands, too, where they grow wild among other native trees. Magnolias are as much a part of the South as grits and Spanish moss.

Mississippi honored the magnolia as both its state flower and its state tree.

This flower is also the symbol of Louisiana, p. 24.

ESPINO   HAWTHORN

Nombre científico/Scientific Name: Grupo Crataegus/Crataegus Group
Año adoptada como flor estatal/Year Made State Flower: 1923

Como varios otros estados, Missouri escogió la llamativa flor de un árbol como su flor estatal.

El espino seleccionado por Missouri a veces se describe como un arbusto en vez de un árbol.

Varias especies de espinos crecen en Missouri y en otras partes de Norteamérica. Es difícil diferenciarlas, pero todas tienen las mismas flores de cinco pétalos que se parecen a las pequeñas flores del manzano.

El espino florece mejor en áreas soleadas. Muchos se plantan como árboles de patio.

Like several other states, Missouri chose the striking blossom of a tree as its state flower.

Missouri's choice, the hawthorn, is sometimes described as a shrub rather than a tree.

Several species of hawthorns grow in Missouri and elsewhere in North America. They are hard to tell apart, but all of them share five-petaled flowers that look like little apple blossoms.

Hawthorns grow best in open sunny areas. Many are planted as yard trees.

RAÍZ AMARGA

BITTERROOT

Nombre científico/Scientific Name: Lewisia rediviva
Año adoptada como flor estatal/Year Made State Flower: 1895

La raíz amarga es muy común en las montañas del oeste de Montana.
Los indígenas comían las raíces de esta planta. Pero hoy en día es más conocida por sus llamativas flores rosadas.

La raíz amarga florece desde finales de abril en las tierras bajas hasta principios de julio en las montañas. Flores de 1 ó 2 pulgadas (3-5 centímetros) de ancho florecen sobre tallos cortos.

La raíz amarga puede crecer en altitudes de hasta los 8,000 pies (2,438 metros).

The bitterroot is especially common in Montana's western mountains.

The roots of the plant were eaten by Native Americans. Today the plant is better known for its showy pink blossoms.

Bitterroot blooms from late April in the lowlands into early July in the mountains. Flowers of 1 to 2 inches (3 - 5 centimeters) across bloom on short stems.

Bitterroot grows up to 8,000 feet (2,438 meters).

VARA DE ORO O VARA DE ORO TARDÍA

GOLDENROD OR LATE GOLDENROD

Nombre científico/Scientific Name: Solidago gigantea
Año adoptada como flor estatal/Year Made State Flower: 1895

En Nebraska, un estado de vastos campos y praderas, la vara de oro añade bandas de amarillo dorado a finales del verano. Las flores de la vara de oro tardía son de sólo un cuarto de pulgada (menos de un centímetro) de ancho. Cada planta tiene cientos de flores que iluminan el paisaje dondequiera que crecen.

La vara de oro de Nebraska es de la misma familia que la alta vara de oro, la flor estatal de Kentucky (pág. 23). Varios tipos de vara de oro crecen en Nebraska.

In Nebraska, a state of broad fields and prairies, the goldenrod adds late summer banners of yellow-gold. The flower heads of late goldenrod are just one-quarter inch (less than 1 centimeter) wide. Each plant bears hundreds of flowers to brighten the landscape wherever it grows.

Nebraska's goldenrod is closely related to the tall goldenrod, Kentucky's (p. 23) state flower. Several kinds of goldenrod grow in Nebraska.

ARTEMISA O GRAN ARTEMISA

SAGEBRUSH OR BIG SAGEBRUSH

Nombre científico/Scientific Name: Artemisia tridentata
Año adoptada como flor estatal/Year Made State Flower: 1917

La flor del estado de Nevada, la artemisa o gran artemisa, es un arbusto común, que crece en las llanuras y en los valles de las montañas. Varios tipos de artemisa crecen en Nevada y en el Oeste de Estados Unidos. Esta especie tiene hojas grises verdosas y diminutas flores de color plateado-verdoso. El arbusto puede alcanzar 10 pies (3 metros) de altura.

La gran artemisa florece en agosto y en septiembre, indicando el fin del verano en las llanuras. Tiene un olor fuerte y agradable cuando está mojada.

La planta se puede usar para combustible e incluso para hacer té.

Nevada's state flower, the big sagebrush, is a common bushy plant of plains and mountain valleys. Several kinds of sagebrush grow in Nevada and the American West. This species has gray-green leaves and tiny silver-green flowers. The bush may stand 10 feet (3 meters) tall.

The flowers of big sagebrush bloom in August and September, signaling the end of summer on the plains. Sagebrush has a pleasant tangy smell when it is wet.

The plant can be used for fuel and even for tea.

LILA MORADA   PURPLE LILAC

Nombre científico/Scientific Name: Syringa vulgaris
Año adoptada como flor estatal/Year Made State Flower: 1919

Las flores de las lilas son señales de mayo en New Hampshire. Pueden ser blancas, moradas oscuras o azules moradas.

Las flores de la lila florecen en arbustos. La planta puede alcanzar hasta 20 pies (6 metros) de altura.

Las lilas son plantas ornamentales porque se usan para hacer más atractivos los jardines, patios y lugares públicos. Las lilas son comunes en muchos estados del norte.

Lilac blossoms are sure signs of May in New Hampshire. They may be white, deep purple, or purple-blue.

Lilac blossoms bloom on shrubs. The plant may be 20 feet (6 meters) tall.

Lilacs are ornamental plants because they are used to make gardens, yards, and public places more attractive. Lilacs are common in many northern states.

VIOLETA NATIVA
(VIOLETA HERMANA)

NATIVE VIOLET
(SISTER VIOLET)

Nombre científico/Scientific Name: Viola sororia
Año adoptada como flor estatal/Year Made State Flower: 1913

Nueva Jersey es uno de los cuatro estados que adoptaron una violeta nativa azul como su flor estatal. La violeta de Nueva Jersey es la misma especie que la de Illinois (pág. 17).

La violeta nativa, o hermana, florece en la primavera. Vive en praderas húmedas y bosques húmedos y abiertos.

Esta flor también es el símbolo de Rhode Island, pág. 48; y de Wisconsin, pág. 60.

New Jersey is one of four states to have adopted a native blue violet as its state flower. New Jersey's violet is the same species as Illinois' (p. 17).

The native, or sister, violet blooms in spring. It lives in moist meadows and moist, open woodlands.

This flower is also the symbol of Rhode Island, p. 48; and Wisconsin, p. 60.

YUCA O HIERBA DEL JABÓN

YUCCA OR SOAP WEED

Nombre científico/Scientific Name: Yucca elata
Año adoptada como flor estatal/Year Made State Flower: 1927

La yuca es una planta común en el Sudoeste. Pertenece a la familia de la azucena, pero no se parece en nada a ella. La flor del estado de Nuevo México tiene las típicas hojas espinosas de la yuca.

En otros tiempos, las raíces de la yuca se usaban para hacer jabón, así que a veces se llama hierba de jabón. Los indígenas de Nuevo México y de otras zonas trenzaban las hojas secas de la yuca para hacer esteras y asaban partes del tallo para comer.

Los racimos de flores de la yuca florecen en un tallo alto sobre las hojas, o "espinas". Las flores color crema salen en junio y julio.

The yucca plant is common in the Southwest. It belongs to the lily family but, looks nothing like a lily. New Mexico's state flower has the typical spiny leaves of yuccas.

Roots of the yucca were once used to make soap, so it is sometimes called soap weed. Native Americans in New Mexico and elsewhere wove the dried yucca leaves into mats and roasted parts of the stem for food.

Clusters of yucca flowers blossom on a tall stalk above the leaves, or "needles." The creamy blooms appear in June and July.

ROSA SILVESTRE

WILD ROSE

Nombre científico/Scientific Name: Grupo rosa/Rosa group
Año adoptada como flor estatal/Year Made State Flower: 1955

Muchas especies de rosas silvestres crecen en el estado de Nueva York. Sus flores pueden ser rojas, rosadas o blancas. Todas ellas, sin embargo, comparten el honor de ser flor estatal. Cuando Nueva York escogió la rosa silvestre como su flor estatal, tuvo el acierto de no elegir una especie en particular.

Las flores de los arbustos de rosas silvestres tienen 2 a 3 pulgadas (5-8 centímetros) de ancho. Empiezan a florecer a finales de la primavera. Las frutas rojas de las rosas silvestres, llamadas escaramujos, se usan para hacer mermeladas.

Esta flor tambíen es el símbolo de Iowa, pág. 21; y Dakota del Norte, pág. 43.

Many species of wild roses grow in New York state. Their flowers may be red, pink, or white. All of them, however, share equally the honor of state flower. When New York chose the wild rose for its state flower, it wisely did not single out one species.

The flowers of wild rose bushes are 2 to 3 inches (5 - 8 centimeters) across. They begin to bloom in late spring. The red fruits of wild roses, called hips, are used for jellies.

This flower is also the symbol of Iowa, p. 21; and North Dakota, p. 43.

CORNEJO FLORECIENTE

FLOWERING DOGWOOD

Nombre científico/Scientific Name: Cornus florida
Año adoptada como flor estatal/Year Made State Flower: 1941

Las flores blancas del cornejo floreciente son indicios de la primavera en los bosques de Carolina del Norte. El máximo florecimiento suele ocurrir a finales de abril.

El cornejo floreciente es un árbol pequeño y estrecho que crece en el bosque. Es un árbol muy apreciado en gran parte del Este y del bajo Medio Oeste americanos. Esta flor también es el símbolo de Virginia (pág. 56).

The white blossoms of flowering dogwood are heralds of spring in the woodlands of North Carolina. The peak of the bloom is usually in late April.

The flowering dogwood is a small, slender tree of the forest floor. It is a beloved tree throughout much of the East and lower Midwest. This flower is also the symbol of Virginia (p. 56).

ROSA SILVESTRE DE LA PRADERA

WILD PRAIRIE ROSE

Nombre científico/Scientific Name: Rosa blanda
Año adoptada como flor estatal/Year Made State Flower: 1907

Dakota del Norte es un estado de amplias praderas verdes. A principios del verano las rosas silvestres salpican los prados con sus flores rosadas.

Varios tipos de rosas silvestres crecen en Dakota del Norte. A todas se las conoce como rosas silvestres o rosas de la pradera, aunque a una especie también se le llama rosa lisa. Ésta carece de los espinos que tienen la mayoría de las rosas silvestres y domésticas.

Esta flor tambíen es el símbolo de Iowa, pág. 21; y Nueva York, pág. 40.

North Dakota is a state of wide green prairies. In early summer wild roses dot the grasslands with pink blossoms.

Several kinds of wild roses grow in North Dakota. They are all commonly known as wild or prairie roses, although one species is also called the smooth rose. It lacks the thorns of most roses, wild and domestic.

This flower is also the symbol of Iowa, p. 21; and New York, p. 40.

CLAVEL ESCARLATA

SCARLET CARNATION

Nombre científico/Scientific Name: Dianthus caryophyllus
Año adoptada como flor estatal/Year Made State Flower: 1904

La flor del estado de Ohio, el clavel escarlata, honra a uno de los hijos preferidos del estado, William McKinley.

El Sr. McKinley, nacido en Niles, Ohio, fue el vigésimo quinto presidente de Estados Unidos. Fue asesinado en 1901.

Al presidente McKinley le encantaban los claveles rojos y a menudo llevaba uno en su chaqueta.

Los claveles siguen siendo flores muy populares. Se cultivan millones de claveles en los invernaderos de Estados Unidos todos los años.

Ohio's state flower, the scarlet carnation, honors one of the state's favorite sons, William McKinley.

Mr. McKinley, born in Niles, Ohio, became the 25th president of the United States. He was killed by an assassin in 1901.

President McKinley loved red carnations and he often wore one on his coat.

Carnations are still extremely popular flowers. Greenhouses grow millions of carnations in the United States each year.

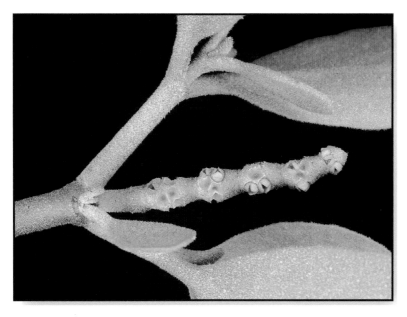

MUÉRDAGO   MISTLETOE

Nombre científico/Scientific Name: Phoradendron serotinum
Año adoptada como flor estatal/Year Made State Flower: 1893

El muérdago es una pequeña planta que crece en tupidas marañas sobre las ramas de los árboles. En Oklahoma, casi siempre escoge un olmo como huésped.

El muérdago florece en febrero o en marzo. Sus flores amarillas son del tamaño de una cabeza de alfiler. La gente de Oklahoma probablemente adoptó el muérdago no por sus flores, sino por las historias exageradas que venían de Europa acerca de los poderes de la planta.

Hoy en día la planta se conoce por sus pequeñas bayas blancas y su fama como decoración en las Navidades. La tradición en todo EE.UU. es que cualquier persona que se pare debajo del muérdago corre el riesgo de que alguien la bese.

Mistletoe is a small, bushy plant that grows in tangles on the branches of trees. In Oklahoma, it almost always chooses an elm tree as its host.

Mistletoe blooms in February or March. Its yellow flowers are the size of pinheads. Tall tales from Europe about its power—rather than its flowers—likely led Oklahomans to adopt mistletoe.

Now the plant is best known for its small, white berries and its use as an evergreen decoration at Christmas. Tradition throughout the U.S. holds that anyone who stands under mistletoe risks being kissed.

OREGON

UVA DE OREGÓN

OREGON GRAPE

Nombre científico/Scientific Name: Berberis aquifolium
Año adoptada como flor estatal/Year Made State Flower: 1899

La uva de Oregón no es una uva verdadera. Es un arbusto pequeño que produce bayas. A veces, como las uvas, las bayas se usan para hacer mermelada.

El arbusto de uvas de Oregón produce brillantes flores amarillas de seis pétalos cada una. Mucho después de que desaparecen las flores, la uva de Oregón sigue prestando color al paisaje de Oregón con sus brillantes hojas rojas durante el otoño.

The Oregon grape is not a true grape. It's a low-lying shrub that produces berries. Sometimes, like grapes, the berries are used for jam.

The Oregon grape shrub produces bright yellow flowers, each with six petals. Long after the flowers disappear, the Oregon grape adds more color to the Oregon landscape: bright red leaves each autumn.

LAUREL DE LA MONTAÑA   MOUNTAIN LAUREL

Nombre científico/Scientific Name: Kalmia latifolia
Año adoptada como flor estatal/Year Made State Flower: 1933

Cada junio, las verdes montañas de Pennsylvania se salpican de manchas con los capullos y las flores del laurel de la montaña. El laurel de la montaña es de la familia de los rododendros, que también florecen a principios del verano.

Aunque es un arbusto silvestre, el laurel de la montaña es tan bello que a menudo se trasplanta a jardines o a lugares públicos.

Esta flor también es el símbolo de Connecticut, pág. 13.

Pennsylvania's green mountains are speckled each June with the buds and blossoms of mountain laurel. Mountain laurel is related to the rhododendrons, which also bloom in early summer.

Although a native wild shrub, mountain laurel is often transplanted to yards and public places because of its beauty.

This flower is also the symbol of Connecticut, p. 13.

TEMPRANA VIOLETA AZUL   EARLY BLUE VIOLET

Nombre científico/Scientific Name: Viola palmata
Año adoptada como flor estatal/Year Made State Flower: 1968

La temprana violeta azul florece en abril y en mayo. Es una conocida flor de la primavera en muchas partes de la zona este de Estados Unidos.

Cuatro estados han adoptado alguna violeta azul como su flor estatal. Rhode Island, sin embargo, es el único estado que eligió esta particular especie de violeta azul.

Esta flor tambíen es el símbolo de Illinois, pág. 19; de Nueva Jersey, pág. 36; y Wisconsin, pág. 60.

The early blue violet blooms in April and May. It is a familiar spring wildflower in much of the eastern United States.

Four states have adopted blue violets as their state flowers. Rhode Island, however, is the only state to have chosen this particular species of blue violet.

This flower is also the symbol of Illinois, p. 19; New Jersey, p. 36; and Wisconsin, p. 60.

SOUTH CAROLINA

JAZMÍN AMARILLO

YELLOW JESSAMINE

Nombre científico/Scientific Name: Gelsemium sempervirens
Año adoptada como flor estatal/Year Made State Flower: 1924

El dulce olor y las brillantes flores del jazmín amarillo son una de las primeras señales de la primavera en Carolina del Sur.

Las parras del jazmín amarillo producen flores en forma de trompeta. La propia parra trepa alrededor de árboles, cercas y matorrales.

The sweet scent and bright flowers of the yellow jessamine are among the first signs of spring in South Carolina.

The vines of the yellow jessamine produce trumpet-shaped blossoms. The vine itself trails around trees, fences, and thickets.

CROCO DE LA PRADERA   PASQUEFLOWER

Nombre científico/Scientific Name: Anemone patens
Año adoptada como flor estatal/Year Made State Flower: 1903

Las alegres flores blancas del croco de la pradera se cuentan entre las primeras flores de la primavera en Dakota del Sur. Son unas de las flores silvestres primaverales más bellas.

Los crocos de la pradera florecen en las viejas praderas en marzo y en abril. Sus flores se amontonan a ras del suelo, casi escondidas en las marañas marrones de la hierba de la pradera.

Las flores de los crocos pueden tener hasta 2-1/2 pulgadas (6 centímetros aproximadamente) de ancho. Los tallos suelen tener de 6 a 8 pulgadas (15 a 20 centímetros) de altura.

The cheery white blossoms of pasqueflowers are among the first blooms of spring in South Dakota. They are among the most beautiful of spring wildflowers.

Pasqueflowers bloom on the old prairies in March and April. Their blossoms huddle close to the ground, nearly hidden in the still-brown tangles of the prairie grass.

Pasqueflower blossoms are up to 2-1/2 inches (about 6 centimeters) wide. The stems are often just 6 to 8 inches (15 - 20 centimeters) long.

LIRIO
(BANDERA AZUL)

IRIS
(BLUE FLAG)

Nombre científico/Scientific Name: Familia Iridaceae/Iridaceae family
Año adoptada como flor estatal/Year Made State Flower: 1933

Varias especies de lirio silvestre crecen en los bosques húmedos y en los prados pantanosos de Tennessee. Cientos de tipos de lirios de jardín también florecen en el estado. A ambos se les considera flores estatales.

Los lirios silvestres suelen tener un matiz morado o azul. Los de jardines pueden ser azules, morados, amarillos, blancos, color vino o alguna combinación de estos colores.

Sus flores pueden ser tan pequeñas como 1 pulgada (menos de 3 centímetros) de ancho o tan grandes como 12 pulgadas (31 centímetros) de ancho. Los lirios pueden alcanzar 6 pulgadas (aproximadamente 15 centímetros) ó 6 pies (casi 2 metros) de altura.

Several species of wild iris grow in the moist woodlands and swampy meadows of Tennessee. Several hundred kinds of garden iris also bloom in the state. Both wild and garden-grown varieties are state flowers.

Wild irises are usually a shade of purple or blue. Garden varieties may be blue, purple, yellow, white, wine-red, or some combination of these colors.

Iris flowers may be as little as 1 inch (less than 3 centimeters) across or as big as 12 inches (31 centimeters) across. Irises may be 6 inches (about 15 centimeters) or 6 feet (almost 2 meters) tall.

ALTRAMUZ
(LUPINO)

BLUEBONNET
(LUPINE)

Nombre científico/Scientific Name: Grupo Lupinus/Lupinus group
Año adoptada como flor estatal/Year Made State Flower: 1901

Cada primavera, los altramuces alegran los campos y las llanuras de Texas con grandes alfombras de flores azules.

Texas es el hogar de muchas especies de altramuces silvestres. En 1971, el estado amplió su lista oficial de uno a cinco los tipos de altramuces que se honran como flores del estado. Los cinco que comparten este honor son Lupinus subcarnusus, L. texensis, L. harvardii, L. concinnus y L. plattensis. Naturalmente hay algunas diferencias entre las plantas, pero para la gente de Texas los cinco elegidos, y también los que no se eligieron, son bellezas azules.

Las flores del altramuz florecen agrupadas sobre tallos.

Bluebonnets brighten the Texas fields and plains with great carpets of blue blossoms each spring.

Texas is home to several species of wild bluebonnets. In 1971 the state expanded from one to five its official list of bluebonnets that are honored as state flowers. The five that share the honor are Lupinus subcarnusus, L. texensis, L. harvardii, L. concinnus, and L. plattensis. Certainly there are some differences among the plants, but to Texans, the chosen five and the unchosen, too, are all blue beauties.

Bluebonnet flowers bloom in clusters on stalks.

AZUCENA SEGO O AZUCENA MARIPOSA

SEGO LILY OR MARIPOSA LILY

Nombre científico/Scientific Name: Calochortus nuttallii
Año adoptada como flor estatal/Year Made State Flower: 1911

La azucena sego, la flor del estado de Utah, tiene una bonita flor, parecida a un tulipán, que florece sobre un tallo largo y delgadito.

La raíz de la azucena sego, en forma de bulbo, es dulce y está llena de vitaminas. Era un alimento popular tanto para los indígenas de la región como para los pioneros de Utah.

La azucena sego florece en junio y a principios de julio en las llanuras y en las laderas.

The sego lily, Utah's state flower, has an attractive tuliplike blossom growing on a long, wire-thin stem.

The sego lily's bulb-shaped root is sweet and full of vitamins. It was a popular food with Native Americans in the region and Utah pioneers.

The sego lily blooms in June and early July on plains and hillsides.

TRÉBOL ROJO

RED CLOVER

Nombre científico/Scientific Name: Trifolium pratense
Año adoptada como flor estatal/Year Made State Flower: 1894

El trébol rojo es una conocida planta de los prados y de los bordes de las carreteras. Las flores, que se parecen a velas con sus rojas cabezuelas redondas, aparecen en mayo. El trébol rojo sigue floreciendo hasta principios de septiembre.

El trébol rojo no es originaria de Norteamérica, aunque está muy difundido por la zona. Esta planta se importó de Europa. Los primeros colonos americanos secaban las cabezas del trébol para hacer té.

El trébol rojo se planta a menudo para alimentar a los animales de las granjas y para enriquecer la tierra.

The red clover is a familiar plant of meadows and roadsides. The round-headed, candlelike blooms of red clover first show up in May. Red clover continues blooming into September.

Red clover is not native to North America, although it is widespread in North America. The plant was imported from Europe. Early American settlers used dried clover heads for tea.

Red clover is widely planted for farm animals' food and to enrich soil.

CORNEJO FLORECIENTE   FLOWERING DOGWOOD

Nombre científico/Scientific Name: Cornus florida
Año adoptada como flor estatal/Year Made State Flower: 1918

Durante la primavera, el cornejo floreciente alegra los campos ondulados de Virginia con sus flores blancas. En el otoño las rojas bayas y las rojas hojas del árbol añaden un color vívido a los bosques.

La madera de este árbol se usó en una época para hacer puñales. El nombre del cornejo en inglés, "dogwood", probablemente viene de "dagwood", una forma más corta de "dagger-wood". "Dagger" significa puñal.

Esta flor también es el símbolo de Carolina del Norte, pág. 42.

In springtime, flowering dogwood brightens the rolling Virginia countryside with its white blossoms. In autumn the trees' red berries and red leaves add vivid color to the woodlands.

The wood of this tree was once used for daggers. The name dogwood probably came from "dagwood," a short form of "dagger-wood."

This flower is also the symbol of North Carolina, p. 42.

RODODENDRO DE LA COSTA

COAST RHODODENDRON

Nombre científico/Scientific Name: Rhododendron macrophyllum
Año adoptada como flor estatal/Year Made State Flower: 1914

La flor del estado de Washington, el rododendro de la costa, es un arbusto de hoja perenne que crece en los bosques húmedos en la costa del estado. El rododendro de la costa tiene cerosas hojas de color verde oscuro y grandes flores rosadas o del color de las rosas.

Los matorrales alcanzan de 4 a 12 pies (aproximadamente 1 a 4 metros) de altura. Se pueden encontrar por la costa pacífica de América, desde el sur de Washington hasta los bosques de grandes secuoyas al norte de California.

Al otro lado del continente, West Virginia (pág. 59) honra otra especie de rododendro como su flor estatal.

Washington's state flower, the coast rhododendron, is an evergreen shrub that grows in the state's moist coastal forests. Coast rhododendron has dark green, waxy leaves and large pink or rose-colored blossoms.

The shrubs stand 4 to 12 feet (about 1 to 4 meters) tall. They can be found along America's Pacific coast from Washington south into the groves of giant redwood trees in Northern California.

On the other side of the continent, West Virginia (p. 59) honors another species of rhododendron as its state flower.

ROSA "BELLEZA AMERICANA"

AMERICAN BEAUTY ROSE

Nombre científico/Scientific Name: Familia Rosa/Rosa family
Año adoptada como flor estatal/Year Made State Flower: 1925

Las coloridas rosas de los jardines y de los invernaderos son unas de las flores favoritas de los norteamericanos. El distrito de Columbia eligió una de ellas, la "Belleza Americana" de color rosado oscuro, como su flor oficial.

La Belleza Americana se importó a Estados Unidos desde Francia en 1882 como la rosa Madam Ferdinand Jamin. A los productores de rosas les fue difícil venderla hasta que, en 1885, cambiaron su nombre a Belleza Americana. El nuevo nombre hizo que la rosa fuera un gran éxito por muchos años.

Hoy en día es difícil encontrar una Belleza Americana, porque es una rosa difícil de cultivar fuera del invernadero.

The colorful roses of gardens and greenhouses are among America's favorite flowers. The District of Columbia chose one of them, the dark pink American Beauty rose, as its official flower.

The American Beauty was imported to the United States from France in 1882 as the Madam Ferdinand Jamin rose. Rose growers had a difficult time selling it until changing its name, in 1885, to the American Beauty. The new name made the rose a great success for many years.

Today the American Beauty is hard to find, because it is a difficult rose to grow outdoors.

RODODENDRO ADELFA
(LAUREL GRANDE)

ROSEBAY RHODODENDRON
(BIG LAUREL)

Nombre científico/Scientific Name: Rhododendron maximum
Año adoptada como flor estatal/Year Made State Flower: 1903

A los rododendros les encantan las escarpadas montañas del Sudeste. Estos arbustos de hoja perenne crean matorrales densos y enredados en los barrancos, al lado de los arroyos y en las laderas de las montañas. Sus grandes flores rosadas y blancas aparecen en junio y en julio.

El rododendro adelfa crece en gran parte del terreno montañoso de West Virginia y en la parte sur de las montañas Apalaches. Los matorrales de adelfa pueden crecer en alturas de hasta 5,000 pies (1,524 metros).

Rhododendrons love the rugged mountains of the Southeast. These evergreen shrubs make dense, tangled thickets in ravines, along brooks, and on mountain slopes. Their big light pink and white blossoms appear in June and July.

The rosebay rhododendron grows throughout much of West Virginia's hill country and the southern Appalachian Mountains. Rosebay thickets can reach heights of 5,000 feet (1,524 meters).

VIOLETA DEL BOSQUE O VIOLETA AZUL

WOOD VIOLET OR COMMON BLUE VIOLET

Nombre científico/Scientific Name: Viola papilionacea
Año adoptada como flor estatal/Year Made State Flower: 1908

La flor del estado de Wisconsin, la violeta del bosque, es una flor silvestre que se extiende en la parte este de Estados Unidos y hacia el oeste hasta Minnesota y Oklahoma. Suele florecer en mayo y junio en Wisconsin.

La violeta del bosque puede ser azul, pero también puede ser blanca o blanca con venas moradas.

Las violetas son un pariente silvestre de una conocida flor de jardín, el pensamiento. Pero las violetas tienen flores mucho más pequeñas que los pensamientos.

Wisconsin's state flower, the wood violet, is a widespread wildflower throughout the eastern United States and westward to Minnesota and Oklahoma. It usually blossoms in Wisconsin in May and June.

The wood violet may be blue, but it also may be pure white or white with purple veins.

Violets are the wild relatives of a familiar garden flower, the pansy. Violets have much smaller blossoms than pansies, though.

PINCEL INDÍGENA
(TAZA PINTADA)

INDIAN PAINTBRUSH
(PAINTED-CUP)

Nombre científico/Scientific Name: Castilleja linariaefolia
Año adoptada como flor estatal/Year Made State Flower: 1917

Los pinceles son un colorido grupo de flores silvestres que crecen principalmente en el Oeste de Estados Unidos. Más de dos docenas de variedades de pinceles crecen en las montañas Rocosas, entre ellas las especies amarillas y morado rosadas.

La flor del estado de Wyoming es una de las especies de pincel roja. Las flores rojas son en realidad anchas hojas rojas en la punta de la planta.

El pincel tiene tallos de 1 a 3 pies (31-92 centímetros) de altura. La planta vive en las llanuras y en las montañas hasta 9,000 pies (2,473 metros) de altura.

The paintbrushes are a colorful group of wildflowers that live mostly in the American West. More than two dozen kinds of paintbrush live in the Rocky Mountains alone, including yellow and purple-pink species.

Wyoming's state flower is one of the red species of paintbrush. The red flowers are actually broad red leaves at the plant's tip.

Paintbrush grows on slender stalks 1 to 3 feet (31 - 92 centimeters) tall. The plant lives on the plains and in mountains up to 9,000 feet (2,473 meters) high.

Index

Índice